BASILE

ET PROFESSEURE BOULE DE POILS

Éditions
■SCHOLASTIC

À Malcolm et Neala, des fans de Basile depuis toujours.

Édition publiée par les Éditions Scholastic,
604, rue King Ouest, Toronto (Ontario) M5V 1E1, avec la permission de Kids Can Press Ltd.

5 4 3 2 1   Imprimé à Hong Kong   CP130   13 14 15 16 17

Catalogage avant publication de Bibliothèque et Archives Canada

Spires, Ashley, 1978-
[Binky, license to scratch. Français]
    Basile et professeure Boule de poils / auteure-illustratrice, Ashley Spires ; traductrice, Hélène Rioux.

Traduction de: Binky, license to scratch.
ISBN 978-1-4431-2930-5

    I. Rioux, Hélène, 1949- II. Titre. III. Titre: Binky, license to scratch. Français

PS8637.P57B54514 2013   jC813'.6   C2013-902377-1

Les illustrations ont été réalisées à l'encre, à l'aquarelle, aux poils de chat, avec des miettes de litière pour chat, des empreintes de pattes de chat, de la salive de chien et quelques autres matières biologiques que nous n'osons pas mentionner ici.

Le texte a été composé avec la police de caractères Fontoon.

Conception graphique de Julia Naimska.

AUCUN ANIMAL N'A SOUFFERT DURANT LA CRÉATION DE CE LIVRE. BON... UN CHAT A DÛ SUBIR UNE ANALYSE DE SANG DE ROUTINE ET UN CHIEN A MANGÉ DES RESTES AU GOÛT INFECT, MAIS C'EST TOUT!

BASILE

ET PROFESSEURE BOULE DE POILS

ASHLEY SPIRES
TEXTE FRANÇAIS D'HÉLÈNE RIOUX

C'EST UNE CATASTROPHE.

ziiip!

ILS N'ONT RIEN VU VENIR.

MÊME CETTE ÉQUIPE D'ANIMAUX DE COMPAGNIE DE L'ESPACE NE PEUT SURMONTER UNE TELLE CRISE.

DES VALISES!

LEURS HUMAINS S'EN VONT EN VOYAGE!

miaourrr

SANS EUX!

MIMI LEUR ENVOIE UN SOS. SES HUMAINS AUSSI FONT LEURS BAGAGES!

LEURS HUMAINS S'EN VONT DANS **L'ESPACE INTERSIDÉRAL** SANS PROTECTION.

QUE VA-T-IL SE PASSER SI LES EXTRATERRESTRES ATTAQUENT?

SI LEURS HUMAINS NE REVIENNENT PAS À LA STATION SPATIALE,

QUI NOURRIRA BASILE ET GORDY?

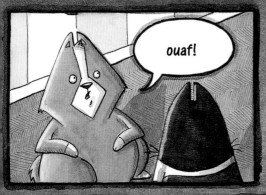

7

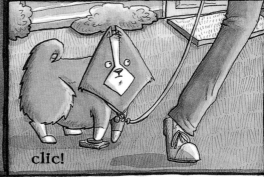

AU MOINS LA STATION SPATIALE SERA EN SÛRETÉ GRÂCE AUX FORCES SUR LE TERRAIN...

ET À SON COPILOTE, TED, AUX COMMANDES.

ploc ploc

scritch
scritch

plonc

GSB 603

bang

GSB 603

BASILE ET MIMI SONT PIÉGÉS DANS LEURS CAPSULES SPATIALES PORTABLES...

ET GORDY DOIT RAPPORTER CE QU'IL VOIT.

MAIS ILS AIMERAIENT BIEN QUE GORDY LEUR FASSE DES RAPPORTS PLUS DÉTAILLÉS.

ILS VIENNENT DE S'ARRÊTER.

UN HÔTEL POUR ANIMAUX DE COMPAGNIE?!?! C'EST LA **CLINIQUE VÉTÉRINAIRE!**

ET QUAND ON VA CHEZ LA VÉTÉRINAIRE, ÇA NE VEUT DIRE QU'UNE SEULE CHOSE...

POURQUOI DOIVENT-ILS RESTER **ICI**...

OÙ ON LES PIQUE, ON LES TRIPOTE ET ON PREND LEUR TEMPÉRATURE?

COMMENT PEUT-ON LES ABANDONNER DANS CETTE PRISON?

PAS QUESTION QU'ILS RESTENT ICI.

ILS SONT DES EXPLORATEURS DU COSMOS D'ÉLITE.

CE N'EST PAS UN « HÔTEL POUR ANIMAUX DE COMPAGNIE »

QUI LES PRIVERA DE LEUR LIBERTÉ!

TANT QU'ILS RESTENT ENSEMBLE, TOUT EST POSSIBLE...

UN INSTANT! OÙ EST GORDY? ET MIMI, OÙ EST-ELLE PASSÉE?

miaou!

OÙ L'EMMÈNE-T-ON?

chloup

ploup

clic

cling
clang

MAINTENANT, QU'EST-IL CENSÉ FAIRE?

plic

boing

floup

QUI AURAIT CRU QU'ON S'ENNUYAIT AUTANT EN PRISON?

NE VOIENT-ILS PAS QU'IL ESSAIE DE DORMIR?

SAPERLIPOPETTE! QU'EST-CE QUE C'EST?

CET ENDROIT EST PEUT-ÊTRE HANTÉ!

JAMAIS IL N'A EU AUSSI PEUR CHEZ LA VÉTÉRINAIRE.

POURVU QUE SES HUMAINS VIENNENT BIENTÔT LE CHERCHER...

C'EST UN **TREMBLEMENT DE TERRE!** TOUTE LA CLINIQUE EST EN TRAIN DE S'ÉCROULER!

C'EST UN **TREMBLEMENT DE TERRE!** TOUTE LA CLINIQUE EST EN TRAIN DE S'ÉCROULER!

SAPERLIPOPETTE! QU'EST-CE QUE C'EST?

CET ENDROIT EST PEUT-ÊTRE HANTÉ!

JAMAIS IL N'A EU AUSSI PEUR CHEZ LA VÉTÉRINAIRE.

POURVU QUE SES HUMAINS VIENNENT BIENTÔT LE CHERCHER...

S'IL PARVIENT À SE LIBÉRER...

Hé!

IL POURRA...

pof

S'ÉVADER!

zoum

bang!

boum!

MIMI! ELLE S'ÉVADE, ELLE AUSSI?

Bonne récréation,
les chatons!

CE N'EST PEUT-ÊTRE PAS L'ÉVASION QU'IL AVAIT EN TÊTE...

MAIS AU MOINS IL A RETROUVÉ MIMI...

ENSEMBLE, ILS VONT ÉLABORER UN PLAN POUR SORTIR D'ICI.

COMME BASILE ET MIMI SONT ENFERMÉS...

GORDY EST LEUR SEUL ESPOIR S'ILS VEULENT S'ÉCHAPPER.

IL EST LE SEUL À CONNAÎTRE SUFFISAMMENT BIEN LA CLINIQUE...

POUR SAVOIR COMMENT EN SORTIR.

ILS DOIVENT TROUVER LE MOYEN DE LUI ENVOYER UN MESSAGE.

AVEC UN PEU DE CHANCE, GORDY NE SERA PAS ENCORE DE RETOUR.

ILS ARRIVENT!

hof
pouf
grrrouff

hof

pat

grrrouff   tic
tic

hof
hof

swoush

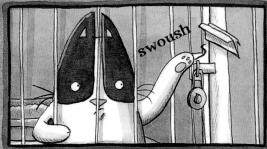

vouiiich!

hof

pit
pat

LEUR SORT DÉPEND MAINTENANT DE GORDY.

31

IL EST PRESQUE 22 HEURES.

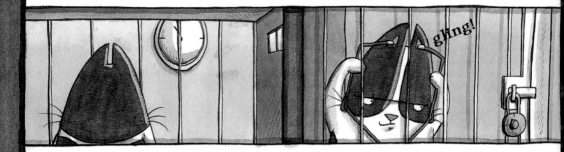

ON VA VOIR SI CE PLAN FONCTIONNE.

clic
clic
clic

CLONC!

UN!

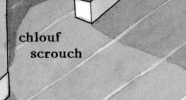

chlouf
scrouch

clic
clic
clic

DEUX!

ENFIN LIBRE!

ÇA A FONCTIONNÉ!

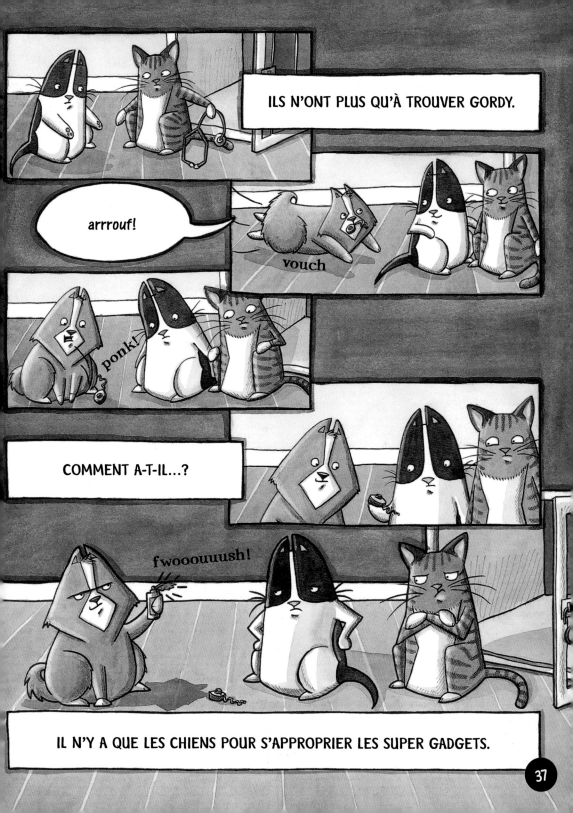

S'ILS VEULENT S'ÉVADER, ILS VONT DEVOIR SORTIR PAR LES BOUCHES D'AÉRATION.

MAIS COMMENT POURRONT-ILS RESPIRER DANS **L'ESPACE SIDÉRAL?**

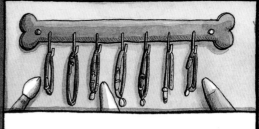

DISPOSITIF SPATIAL PROTECTEUR!

clic

clic

clic

EH BIEN, QU'EST-CE QU'ILS ATTENDENT?

brong

mmmm...

clinc

tlip

C'ÉTAIT FACILE. LES VIS ÉTAIENT DÉJÀ DESSERRÉES.

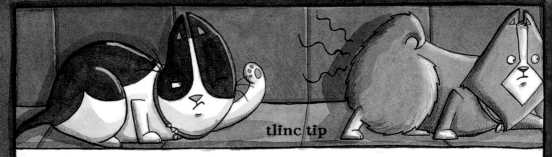

BASILE AURAIT MIEUX FAIT DE PRENDRE LA TÊTE.

UN INSTANT...

CE BRUIT SE FAIT DE NOUVEAU ENTENDRE...

BASILE VA DEVOIR ÉLUCIDER LE MYSTÈRE.

RIEN À FAIRE, ILS SONT PLUS FORTS QUE LUI!

CE CHAT SEMBLE ÉTRANGEMENT FAMILIER...

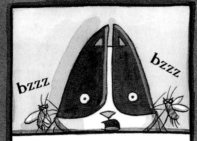

SAPERLIPOPETTE!

LA PROFESSEURE
BOULE DE POILS!

ET PENDANT TOUT CE TEMPS, ELLE TRAVAILLAIT AVEC LES EXTRATERRESTRES!

ÉVIDEMMENT! UN LABORATOIRE SECRET SOUS LA CLINIQUE VÉTÉRINAIRE...

CONVIENT PARFAITEMENT À UNE SCIENTIFIQUE.

ELLE A TOUTES LES FOURNITURES...

DONT ELLE A BESOIN POUR SES RECHERCHES SOUS LA MAIN.

POUR GARDER SON LABORATOIRE SECRET, LA PROF DOIT RÉDUIRE L'ESPION AU SILENCE.

45

NOM D'UN CHAT! QU'EST-CE QUE C'EST QUE ÇA?!?

CE N'EST PAS UN EXTRATERRESTRE.

CE N'EST PAS UN CHAT.

ET CE **N'EST PAS** BEAU.

C'EST LA PLUS GRANDE RÉALISATION DE LA PROF BOULE DE POILS! UN HYBRIDE D'EXTRATERRESTRE ET DE FÉLIN QU'ELLE APPELLE... L'EXTRAFÉLIN!

OU FINFIN POUR FAIRE PLUS COURT.

IL EST CONÇU POUR INFILTRER ET OCCUPER N'IMPORTE QUELLE STATION SPATIALE!

Bonjour, minou!

bzzzzzzzzzz

Ahhhh!

MAIS N'A-T-ELLE PAS PRÊTÉ SERMENT?

LA PROF BOULE DE POILS NE PROTÈGE PLUS LES HUMAINS!

SES HUMAINS NE L'ONT PAS PROTÉGÉE, *ELLE*.

AUTREFOIS, ELLE AVAIT SES PROPRES HUMAINS...

SA PROPRE STATION SPATIALE...

ET UN BRILLANT AVENIR AU SEIN DE L'A.C.U.E.C.

PUIS UN JOUR, SES HUMAINS ONT COMMENCÉ À EMBALLER LEURS CHOSES.

ILS ONT TOUT EMBALLÉ, SAUF BOULE DE POILS.

ELLE A ATTENDU, ATTENDU...

MAIS ILS NE SONT JAMAIS REVENUS.

LE CŒUR BRISÉ, ELLE S'EST LIVRÉE AUX EXTRATERRESTRES ET A ÉPOUSÉ LEUR CAUSE.

LES EXTRATERRESTRES TRAVAILLAIENT CONTRE LES HUMAINS ET BOULE DE POILS ÉTAIT PRÊTE À FAIRE COMME EUX.

LES EXTRATERRESTRES L'ONT CONDUITE À CE LABORATOIRE SECRET...

OÙ ELLE AVAIT POUR MISSION D'ÉLABORER L'ARME FATALE.

EN PLUS D'AVOIR ACCÈS À LA TECHNOLOGIE...

LA PROF A ÉGALEMENT APPRIS BEAUCOUP DE CHOSES EN OBSERVANT LA VÉTÉRINAIRE.

ELLE A OBSERVÉ LA VÉTÉRINAIRE À DISTANCE.

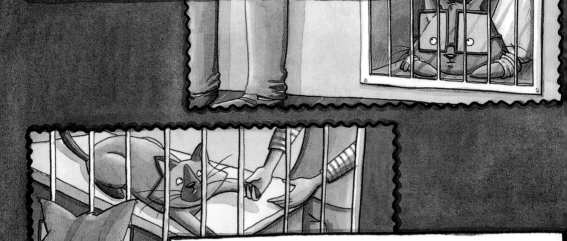

ELLE L'A VUE SAUVER LA VIE DE CENTAINES DE CHATS.

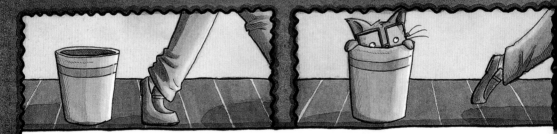

ELLE S'EST EFFORCÉE DE RESTER HORS DE VUE···

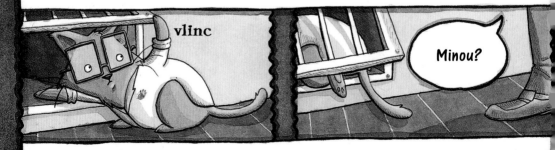

vlinc

Minou?

MAIS UN JOUR, LA VÉTÉRINAIRE L'A REPÉRÉE DU COIN DE L'ŒIL.

DEPUIS, ELLE LUI OFFRE DES CADEAUX.

plonc

crounch

crounch

ron ron

Tout va bien. Il n'y a rien à craindre.

MAIS LA PROF GARDE SES DISTANCES.

ron ron

PLUS PERSONNE NE LUI FERA DE MAL.

L'ENNEMI EST EN TROP GRAND NOMBRE!

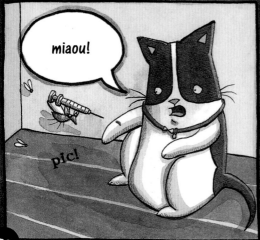

miaou!

mrrr!

ÇA NE FAISAIT PAS PARTIE DE L'ENTENTE!

ELLE EST CONTRE LES *HUMAINS*, PAS CONTRE LES ANIMAUX EXPLORATEURS DU COSMOS.

LES EXTRATERRESTRES ONT EU CE QU'ILS VOULAIENT, ILS N'ONT PLUS BESOIN D'ELLE.

COMMENT EST-CE POSSIBLE? LA PROF EST TRAHIE UNE FOIS DE PLUS!

MAINTENANT, LE COMBAT EST ÉQUITABLE!

ILS ONT REMPORTÉ CETTE BATAILLE... AVEC QUELQUES ÉGRATIGNURES.

floup

tic

ELLE A BIEN APPRIS DE LA VÉTÉRINAIRE.

AHHH! AU SECOURS!

LA VÉTÉRINAIRE!

vouuuich!

ELLE EST ENVAHIE!

IL FAUT LA SAUVER!

mrrrrrzzz.

GRRRRR!

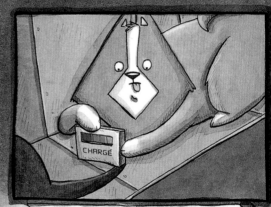

APRÈS TOUTES CES ÉMOTIONS...

BASILE EST CONTENT DE RETOURNER S'ENNUYER DANS SA CAGE.

QUI AURAIT CRU QUE DES VACANCES POUVAIENT ÊTRE AUSSI STRESSANTES?

BASILE A TOUT À COUP UNE PENSÉE TERRIBLE.

LES HUMAINS DE BOULE DE POILS NE SONT JAMAIS REVENUS LA CHERCHER.

ET SI *LEURS* HUMAINS NE REVENAIENT JAMAIS NON PLUS?

cric
cric

GLOUP!

ET S'ILS AVAIENT ÉTÉ

ABANDONNÉS?